Michael Gehler

Die Stalin-Note vom 10. März 1952

Initiative für einen deutschen Friedensvertrag oder ein Angebot für alle Fälle?

Titelbild: Plakat der DDR aus dem Jahr 1952, Bundesarchiv, B 285 Plak-030-001

Michael Gehler, Dr. phil., lehrt seit 2006 als Professor und Leiter des Instituts für Geschichte an der Universität Hildesheim und seit 2023 an der deutschsprachigen Andrássy Universität Budapest. Forschungsschwerpunkte: Internationale Beziehungen mit Schwerpunkt auf der europäischen Integration und der Geschichte der Imperien: Modellfall für Deutschland? Die Österreichlösung mit Staatsvertrag und Neutralität 1945-1955, Innsbruck – Wien – Bozen 2015; Deutschland. Von der geteilten Nation zur gespaltenen Gesellschaft 1945 bis heute, Wien – Köln – Weimar 2020; Europa. Ideen – Institutionen – Vereinigung – Zusammenhalt, Reinbek/Hamburg 2018; Europas Weg. Von der Utopie zur Zukunft der EU, Innsbruck – Wien 2020; Ein europäisches Gewissen. Hans-Gert Pöttering – Biographie, Freiburg – Basel – Wien 2020, 2. Auflage 2022 (gem. m. Marcus Gonschor); Imperien und Reiche in der Weltgeschichte. Epochenübergreifende und globalhistorische Vergleiche, 2 Teilbände, Wiesbaden 2014 (gem. m. Robert Rollinger), Empires to be remembered. Ancient Worlds through Modern Times (Universal- und kulturhistorische Studien), Wiesbaden 2022 (gem. m. Julian Degen und Robert Rollinger); The End of Empires (Universal- und kulturhistorische Studien, Wiesbaden 2022 (gem. m. Robert Rollinger und Philipp Strobl).

Landeszentrale für politische Bildung Thüringen
Regierungsstraße 73, 99084 Erfurt
www.lztthueringen.de
2024

ISBN: 978-3-910740-28-0

Inhalt

Was beinhaltete die sowjetische Note
vom 10. März 1952?   7

Wie reagierten die Westmächte in ihrer Antwortnote
vom 25. März 1952?   9

Wie sind die beiden Noten zu interpretieren und
wie erfolgte der weitere Austausch?   10

Wie ist Stalin als Person und Politiker zu beurteilen?   10

Welche Dimensionen besaß die sowjetische Außen-
und Deutschlandpolitik in historischer Perspektive?   12

Welche Bedeutung hatte die Weltrevolution?   13

Welche Rolle spielte die nationalistische Komponente?   13

Worin bestand die totalitäre Komponente?   14

Wie sah die Außen- und Deutschlandpolitik Stalins
in der Praxis aus?   14

Inwiefern war sich Deutschland 1950/51 im Vorfeld
der sowjetischen Note uneinig?   15

Welche Rolle spielten die Vereinten Nationen
im frühen Kalten Krieg?   15

Wie lauteten die internen Reaktionen
auf die Stalin-Note im Westen?   17

Inwiefern war die westliche Führungsmacht USA vorbereitet
für den Fall, dass der deutsche Bundeskanzler
auf Verhandlungen gedrängt hätte?   18

Wie lautete das interne westliche Urteil zur Annahme
und Umsetzung der sowjetischen Bedingungen?   18

Wie nahmen die ostdeutschen Politiker Stalins
Vorschlag auf? 19

Welche Rolle spielte Adenauer und wie reagierten
seine Gegner und Kritiker? 19

Wie reagierten Anhänger und Befürworter Adenauers? 21

War die Forderung nach «Einheit in Freiheit» ein bundes-
deutsches Ablenkungsmanöver zur Erreichung
des Primärziels der Westintegrationspolitik
der Bundesrepublik? 23

Inwiefern war ein Ende des alliierten Notenwechsels
gegeben? 23

Hat Stalin seine Angebote nur in der Annahme vorgelegt,
dass der Westen ohnedies darauf nicht eingehen
würde und was wäre daraus zu schließen? 24

Welche Motive hatte Stalin und welche Ziele
verfolgte er? 25

War die Stalin-Note auch mit Risiken
für den Kremlherrscher selbst verbunden? 26

Immer wieder gab es Kontroversen zwischen Historikern
in der Frage der Beurteilung der Stalin-Note.
Wie lässt sich der Streit zusammenfassen? 27

Wollte Stalin gar kein neutrales Deutschland? 27

Was wurde in der Stör- und Täuschungsmanöver-
Argumentation nicht berücksichtigt? 29

Warum war Koalitionsfreiheit und nicht erklärtermaßen
Neutralität für Deutschland in der Stalin-Note angeboten
worden? 30

Inwiefern war die deutsche Frage
in den Jahren 1952-1955 noch offen? 31

Inwiefern lässt sich die Stalin-Note
in einen größeren europäischen und internationalen
Kontext einordnen?   32

Inwiefern lässt sich jenseits der klassischen Pro- und
Contra-Argumente eine Neubewertung der Stalin-Note
im Sinne einer Synthese der Kontroverse vornehmen?   33

Vor welchem historischen Hintergrund sowjetischer
Deutschlandpolitik konnte die Stalin-Note
ein Angebot für alle Fälle sein?   34

Inwiefern war der Ausgang des Notenwechsels
ein verlorener Sieg Stalins?   35

Inwiefern fand Stalins Vorschlag durch Österreich
Anwendung?   36

War der sowjetische Truppenabzug aus Österreich
1955 eine Ausnahme?   36

Ließ sich Österreich mit Deutschland überhaupt
vergleichen?   37

Inwiefern war Adenauers Position gegen
das Österreich-Modell 1955
eine epochale Entscheidung?   38

Wie reagierte Adenauer auf die Idee eines neutralen
Staatengürtels in Europa seitens des
US-Präsidenten Dwight D. Eisenhower 1955?   39

Die sowjetische Note vom 10. März 1952.
Originaltext in deutscher Übersetzung.   40

Antwortnote der Westmächte vom 25. März 1952.
Originaltext in deutscher Übersetzung.   45

Literatur   49

Was beinhaltete die sowjetische Note vom 10. März 1952?

In der Note schlug die sowjetische Regierung den USA, Großbritannien und Frankreich vor, einen Friedensvertrag mit Deutschland unverzüglich vorzubereiten und einer internationalen Konferenz vorzulegen. Er sollte unter Beteiligung Deutschlands, vertreten durch eine gesamtdeutsche Regierung, ausgearbeitet werden. Die Note sah folgende Grundlagen für ein «einheitliches, unabhängiges, demokratisches und friedliebendes Deutschland» in Übereinstimmung mit den Beschlüssen der Potsdamer Konferenz vor:
Abzug aller Streitkräfte der Besatzungsmächte spätestens ein Jahr nach Inkrafttreten des Friedensvertrages, Liquidierung sämtlicher ausländischer Militärstützpunkte auf deutschem Territorium, Gewährleistung der demokratischen Rechte für das deutsche Volk unter Einhaltung der Menschenrechte und Grundfreiheiten sowie freier Religionsausübung, freie Betätigung demokratischer Parteien und Organisationen, gleiche bürgerliche und politische Rechte für alle ehemaligen Angehörigen der deutschen Armee, einschließlich der Offiziere, Generäle und Nationalsozialisten mit Ausnahme jener, die nach Gerichtsurteil eine Strafe für von ihnen begangene Verbrechen verbüßen müssten, keine Zugehörigkeit zu Koalitionen und Militärbündnisse, die sich gegen einen Staat richten, der mit seinen Streitkräften am Krieg gegen Deutschland teilgenommen habe. Das Territorium Deutschlands sei durch die Grenzen bestimmt, die durch die Beschlüsse der Potsdamer Konferenz der Großmächte festgelegt wurden. Deutschland sollten keinerlei Beschränkungen in Bezug auf Handel mit anderen Ländern, die Seeschiffahrt und den Zutritt zu den Weltmärkten auferlegt werden. Eigene nationale Streitkräfte (Land-, Luft- und Seestreitkräfte) sollten gestattet sein, die für die Verteidigung notwendig seien. Deutschland würde die Erzeugung von Kriegsmaterial und -ausrüstung erlaubt sein, deren Menge oder Typen nicht über

die Grenzen dessen hinausgehen dürften, was für die Streitkräfte erforderlich sei und durch den Friedensvertrag festzu-
setzen. Die Staaten, die den Friedensvertrag mit Deutschland
abschließen, sollten das Ersuchen Deutschlands um Aufnahme in die UNO unterstützen.

Bundesarchiv, 285 Plak-030-008

Plakat der DDR aus dem Jahr 1952.

Wie reagierten die Westmächte in ihrer Antwortnote vom 25. März 1952?

Die Regierungen der Vereinigten Staaten, Großbritanniens und Frankreichs prüften die sowjetische Note und betonten ihrerseits, dass der Abschluss eines gerechten und dauerhaften Friedensvertrages, der die Teilung Deutschlands beenden würde, ein wichtiges Ziel für sie sei, was die Bildung einer gesamtdeutschen Regierung voraussetze. Diese Regierung müsse aus freien Wahlen in der Bundesrepublik, in der sowjetischen Besatzungszone (SBZ) und in Berlin hervorgehen. Eine Kommission der Vereinten Nationen sollte die Bedingungen für solche Wahlen prüfen, wofür bereits die Unterstützung der Bundesrepublik und West-Berlins zugesagt wurde. Man erwartete westlicherseits eine ähnliche Unterstützung in der SBZ und in Ost-Berlin. Die amerikanische Regierung betonte ihrerseits, dass eine gesamtdeutsche Regierung vor und nach dem Friedensvertrag internationale Beziehungen auf der Grundlage der Vereinten Nationen aufnehmen sollte. Sie wies darauf hin, dass auf der Potsdamer Konferenz keine endgültigen Grenzen für Deutschland festgelegt worden seien und Bestimmungen über nationale deutsche Streitkräfte sowie Bündnisbeschränkungen den Frieden in Europa gefährden könnten. Die USA machten darüber hinaus in ihrer Note klar, dass sie hingegen Pläne für eine europäische Verteidigungsgemeinschaft mit deutscher Beteiligung unterstützen würden, die Aggressionen verhindere und Militarismus ausschließe. In der Politik der europäischen Einheit wurde der Weg zum Frieden gesehen, der keine anderen Länder bedrohe.

Wie sind die beiden Noten zu interpretieren und wie erfolgte der weitere Austausch?

Die sowjetische Note drängte auf rasche Verhandlungen. Ein Friedensvertrag für Deutschland war ihr Ziel. Es sollte u.a. keinen Bündnissen angehören und keine Koalitionen eingehen sowie eine Nationalarmee haben. Sein Gebiet sollte ausgehend vom Status quo der Potsdamer Konferenz festgelegt werden. Die westliche Antwort versuchte dagegen auf Zeit zu spielen. Sie bestand auf Abhaltung freier Wahlen unter Kontrolle der Vereinten Nationen. Die Festlegung der Grenzen sollte noch offen und vorbehaltlich einer friedensvertraglichen Regelung sein sowie Deutschland freie Bündniswahl offenstehen. Konsens bestand in der Beteiligung einer gesamtdeutschen Regierung an den Verhandlungen. Die Positionen erschienen jedoch grundverschieden. Eine zweite sowjetische Note vom 9. April 1952 ging noch weiter als die erste und schlug freie Wahlen für ganz Deutschland unter Kontrolle der Vier Mächte vor. Der Westen wollte sich darauf nicht weiter einlassen und beharrte auf die Aufsicht durch die Vereinten Nationen, um der Gefahr einer Wahlbeeinflussung vorzubeugen. In Folge versandete der Austausch und nahm von sowjetischer Seite immer stärker propagandistische Formen und politische Vorwürfe gegen den Westen an.

Wie ist Stalin als Person und Politiker zu beurteilen?

Josef Stalin, geboren im georgischen Gori am 21. Dezember 1879, gestorben am 5. März 1953 in Kunzewo bei Moskau, erlebte eine harte Kindheit und wurde in einem Priesterseminar erzogen. Früh schloss er sich berufsrevolutionären und bolschewistischen Kreisen an. Von 1917 bis 1923 agierte er als Volkskommissar für Nationalitäten im Zeichen gewaltsamer Zwangseingliederungen von Armeniern, Aserbeidschanern und Georgiern, von 1919 bis 1922 als Volkskommissar für «Arbeiter- und Bauerninspektion», seit 1922 als Generalsekretär der Kommunistischen Partei der Sowjetunion (KPdSU) unter Inkaufnahme der Beseitigung und Ermordnung innerparteilicher Konkurrenten und Rivalen und seit 1929 als Alleinherrscher der Sowjetunion mit blutigen «Säuberungen» (1935-1939) im Rahmen der «Großen Tschistka». Stalin schloss am 23. August 1939 mit Hitler einen Nichtangriffs-

Bundesarchiv, Plak 100-041-036

Plakat der DDR aus dem Jahr 1952.

pakt, der zur Teilung Polens und zur sowjetischen Einverleibung des Baltikums führte. Nach dem Angriff der Deutschen Wehrmacht auf die UdSSR am 22. Juni 1941 führte Stalin das Staatskomitee für Verteidigung und übernahm bis 1947 das gleichnamige Ministerium. Im Jahre 1943 zum Marschall und 1945 zum Generalissimus ernannt, konnte er mit Hilfe der Westalliierten den deutschen Angriff abwehren und zurückschlagen sowie auf den Konferenzen der Anti-Hitler-Koalition in Teheran (1943), Jalta und Potsdam (1945) die sowjetische Kontrolle über Ost- und Mitteleuropa erreichen. Stalin war weit weniger Ideologe, sondern mehr Macht- und Realpolitiker. Die letzten Jahre seiner Diktatur waren von Paranoia wie Ängsten über Herrschaftsverluste, Befürchtungen vor einem Dritten Weltkrieg, v.a. mit der Nuklearmacht USA, Einkreisungsphobien, Panikattacken und Verfolgungswahn gekennzeichnet. Diese Befunde sprechen nicht gegen die Glaubwürdigkeit, sondern eher für die Ernsthaftigkeit seiner Deutschland-Note und zwar im Sinne einer Abwehrreaktion.

Welche Dimensionen besaß die sowjetische Außen- und Deutschlandpolitik in historischer Perspektive?

Ein Pionier der Osteuropaforschung, Boris Meissner, argumentierte mit einer «Drei-Elemente-Lehre» zum besseren außenpolitischen Verständnis des Kreml. Sie beinhaltete eine weltrevolutionäre, d.h. universalistische, eine nationalistische und eine totalitäre Komponente. Demnach galt in der Revolutions- und Bürgerkriegszeit das weltrevolutionäre, seit der «Revolution von oben» durch Stalin das nationalistische und seit Etablierung seiner Diktatur das totalitäre Element. Alle drei Spielarten wechselten sich ab, bestanden fort und standen in Verbindung zueinander. Diese Deutung kann zur Klärung der sowjetisch-russischen Deutschlandpolitik im Allgemeinen wie auch von Stalins Deutschlandpolitik 1952 beitragen, die mehrdeutig und daher zwiespältig war.

Welche Bedeutung hatte die Weltrevolution?

Berlin und Deutschland galten schon für Wladimir I. Lenin als Ort und Zentralraum zukünftiger Revolutionserwartungen. Die unter den Bolschewiki verbreitete Vorstellung lautete: Wer in der deutschen Reichshauptstadt seine politischen Vorstellungen geltend machen könne, verfüge in ganz Europa über großen Einfluss. Die Eroberung Berlins war daher für Stalin 1945 so wichtig, dass er dafür erhebliche Opfer seiner Armee in Kauf nahm. Von Deutschland als dem Geburtsland von Karl Marx sollte die Weltrevolution ausgehen.

Welche Rolle spielte die nationalistische Komponente?

Der seit der Neueren Geschichte bestehende russische Nationalismus, der unter den Bolschewisten angesichts des kommunistischen Internationalismus in den Hintergrund trat, lebte Stalins Idee vom «Sozialismus in einem Lande» der 1920er-Jahre wieder auf und erfuhr im Kontext des «Großen Vaterländischen Krieges» gegen den «Hitler-Faschismus» im Zweiten Weltkrieg eine Mobilisierung mit einer Steigerung zum Sowjetpatriotismus, der mit großrussisch-imperialem Nationalismus und der Wiederzulassung der russisch-orthodoxen Kirche verschmolz. Diese Strömungen gingen mit einem gewissen «Verständnis» für andere Nationen und deren Anliegen Hand in Hand, z.B. der deutschen Nation, mit der man sich aus traditionell historisch-kulturellen Bindungen sowie politischen Bündnissen verbunden wähnte. Stalins Satz «Die Hitler kommen und gehen, das deutsche Volk aber bleibt bestehen», war zwar während des Zweiten Weltkriegs eine Propagandaformel, aber seinem grundsätzlich rationalen Denken nicht fremd.

Worin bestand die totalitäre Komponente?

Diese Komponente erwuchs aus dem Anspruch, zu einer dem orthodoxen Marxismus-Leninismus ideologisch konformen, gleichzeitig aber auch kontinuierlich zu verfolgenden Außenpolitik im Sinne einer antiimperialistischen und antikapitalistisch-sozialistischen Orientierung verpflichtet zu sein, sei es im «eigenen Lande» oder auch mit Blick auf die Revolutionierung der Gesellschaften und Umwälzung der Herrschaftsverhältnisse über die Produktionsmittel auf globaler Ebene. Die totalitäre Komponente führte Stalin dazu, mit Autokratien und Diktaturen zu kooperieren. Sie widersprach aber auch nicht zeitweiligen Bündnissen mit Demokratien.

Wie sah die Außen- und Deutschlandpolitik Stalins in der Praxis aus?

Trotz aller programmatisch-ideologischer Festlegung bestanden Flexibilität und Manövrierfähigkeit in Stalins Außenpolitik, die gegenüber dem Westen zunächst Äquidistanz hielt, d.h. auf Abstand ging (1924-1934), im Völkerbund sodann eine «prowestliche» Politik abbildete (1934-1939) sowie schließlich einen Nichtangriffspakt mit Hitler einging (1939-1941), um sich Ostpolen und das Baltikum zu sichern und in Folge durch ein Bündnis mit der Anti-Hitler-Koalition (1941-1945) den Großteil Mittel- und Osteuropas zu erobern und zu kontrollieren. Schließlich manövrierte sich Stalin durch eine Politik der Gleichschaltung, Repression und Sowjetisierung in den «sozialistischen Bruderstaaten» in einen ideologischen, politischen, militärischen und ökonomischen Gegensatz zu den Westmächten. Er wurde damit maßgeblicher Akteur im frühen Kalten Krieg (1947-1953). Dabei spielte Deutschland immer wieder eine wichtige und gleichzeitig wechselnde Rolle für Stalin: Bündnispartner (1939-1941), Hauptkriegsgegner (1941-1945), Teilkontrollgebiet (1945-1949) und Teilstaatsverbündeter (DDR) sowie Teilstaatsgegner (Bundesrepublik, seit 1949).

Inwiefern war sich Deutschland 1950/51 im Vorfeld der sowjetischen Note uneinig?

Mit der Losung «Deutsche an einen Tisch» hatte die DDR unter Ministerpräsident Otto Grotewohl ihre Deutschlandpolitik verknüpft. Beide deutsche Staaten sollten unabhängig von den Siegermächten direkt über die deutsche Einheit verhandeln. Die SED-Deutschland-Offensive ging auf die Prager Außenministerkonferenz vom 21. Oktober 1950 zurück, bei der die Vertreter der «sozialistischen Bruderstaaten» gegen die bundesdeutsche «Wiederbewaffnung» und die Westintegration der Bundesrepublik Einwände erhoben. Ein aus ost- und westdeutschen Delegierten paritätisch zusammengesetzter «Gesamtdeutscher Konstituierender Rat» sollte die Bildung einer entsprechenden Regierung vorbereiten. Am 30. November 1950 antwortete die Bundesrepublik auf die von der DDR erhobene Forderung mit einem Gegenvorschlag zur Abhaltung freier gesamtdeutscher Wahlen unter Aufsicht der Vereinten Nationen. Das war insofern von zentraler Bedeutung für den Westen, weil es in der SBZ bzw. in der DDR keine freien Wahlen mehr gegeben hatte.

Welche Rolle spielten die Vereinten Nationen im frühen Kalten Krieg?

Die UNO stand im Koreakrieg auf Seiten der USA. Der Sicherheitsrat hatte in Abwesenheit der Sowjetunion einen Militäreinsatz gegen Nordkorea beschlossen, der die USA ermächtigte, zu Gunsten des vom Norden überfallenen Südkoreas einzugreifen. Diese Parteinahme machte UN-Generalsekretär Trygve Lie in Stalins Augen angreifbar. Lie wurde

Plakat der DDR aus dem Jahr 1952.

1951 zwar gegen den Willen der UdSSR von der Vollversammlung wiedergewählt, trat aber am 10. November 1952 enttäuscht zurück, nachdem Stalin seine Absetzung betrieben hatte. Bonn beharrte auf seinem Standpunkt der Abhaltung gesamtdeutscher Wahlen unter UN-Kontrolle. Nur unter dieser Bedingung gebe es Gespräche mit der DDR. Die Westmächte unterstützten die bundesdeutsche Forderung. Auf ihren Antrag hin setzten die Vereinten Nationen am 20. Dezember 1951 eine Kommission ein, die die Voraussetzungen für freie Wahlen in beiden Teilen Deutschlands prüfen sollte. Eine Zustimmung zur Beteiligung der UNO wäre angesichts ihrer prowestlichen Position einer Kapitulation des SED-Regimes gegenüber dem ideologischen Kontrahenten im Westen gleichgekommen. Die DDR verweigerte erwartungsgemäß die Einreise der UN-Delegation, was im Westen entsprechend negativ gewertet wurde.

Wie lauteten die internen Reaktionen auf die Stalin-Note im Westen?

In den westlichen Außenministerien war man sich, im Unterschied zu der in der Öffentlichkeit eingenommenen ablehnenden Haltung, intern einig: Stalins Vorschlag zielte gegen die geplante Westintegration der Bundesrepublik und auf Verhinderung eines westeuropäischen Militärblocks ab, zumal eine Europäische Verteidigungsgemeinschaft (EVG) mit bundesdeutscher Beteiligung bereits in Vorbereitung begriffen war. Amerikaner, Briten und Franzosen sahen in der Note daher ein ernstgemeintes, aber gefährliches Angebot, v.a. mit Blick auf die fortzusetzende Westintegrationspolitik der Bundesrepublik. In einem Antwortentwurf des State Departments waren freie Wahlen und die Handlungsfreiheit mit freier Bündniswahl einer zukünftigen gesamtdeutschen Regierung enthalten.

Inwiefern war die westliche Führungsmacht USA vorbereitet für den Fall, dass der deutsche Bundeskanzler auf Verhandlungen gedrängt hätte?

Für den Fall der Bereitschaft von Bundeskanzler Konrad Adenauer, auf die Stalin-Note einzugehen, gab es bereits interne Überlegungen in Washington für gesamtdeutsche Urnengänge. Der Sonntag, der 16. November 1952, war als Termin festgelegt. Die Durchführung sollte nach dem Modell der Wahlen zur Nationalversammlung der Weimarer Republik vom 19. Januar 1919 und dem Muster der Berliner Stadtverordnetenversammlung von Groß-Berlin am 20. Oktober 1946 sowie die Kontrolle nicht durch eine UNO-Kommission, sondern durch die Vier-Mächte stattfinden. Am 1. Mai 1953 sollte demgemäß der Abzug aller Besatzungstruppen erfolgen und Deutschland seine volle Souveränität zurückerhalten. Die drei westlichen Hochkommissare und der Leiter der sowjetischen Kontrollkommission sollten sich am 1. April 1952 treffen, um entsprechende Vorbereitungen zu treffen. Diese bemerkenswerten Überlegungen sollten allerdings nicht an die Öffentlichkeit dringen.

Wie lautete das interne westliche Urteil zur Annahme und Umsetzung der sowjetischen Bedingungen?

Die Westmächte schwankten in der Frage der Vorgehensweise. Im Falle der Annahme der Stalin-Note hielten sie es angesichts der politischen Kräfteverhältnisse für unwahrscheinlich, ja ausgeschlossen, dass Deutschland als Ganzes kommunistisch und sowjetisiert würde. In dem sich bis September 1952 hinziehenden Notenwechsel forderte der Westen in jeweiligen Gegenantworten am 25. März und 9. Mai freie Wahlen in ganz Deutschland als ersten Schritt zur Lösung der deutschen Frage, was Stalin in einer zweiten Note vom 9. April 1952 für den Westen überraschenderweise zugestand. Mit der «Sowjetzone» wäre Deutschland bei gesamtdeutschen Wahlen als Ganzes voraussichtlich sozialdemokratisch und protestantischer geworden als die Bundesrepublik. Für Frankreichs Außenminister Robert Schuman war daher klar, dass Adenauer in einem solchen Fall seine Position nicht mehr würde halten können und auf den sowjetischen Vorschlag negativ reagieren musste.

Wie nahmen die ostdeutschen Politiker Stalins Vorschlag auf?

Die SED-Führung war durch Stalins Offerte beunruhigt und irritiert. Sie stellte ihre Kampagne «Deutsche an einen Tisch» vorläufig ein und befürwortete notgedrungen das sowjetische Angebot. Walter Ulbricht und seine Genossen fürchteten, dass sie der Kreml fallen lassen würde. Die Ablehnung der sowjetischen Angebote seitens des Westens sollte das verhindern. So konnten die ostdeutschen Kommunisten am 12. Juli 1952 den planmäßigen «Aufbau des Sozialismus» in der DDR verkünden. Bereits ein Jahr später musste dieser «Aufbau» im Zuge des Volksaufstandes in der DDR vom 17. Juni 1953 zurückgenommen werden.

Welche Rolle spielte Adenauer und wie reagierten seine Gegner und Kritiker?

Adenauer wertete die Stalin-Note als Gefahr einer «Neutralisierung» Deutschlands und den Versuch der Torpedierung seiner Politik der Westintegration. Wenngleich der deutsche Kanzler gar nicht Adressat der Vorschläge Stalins war, hing von seinem Urteil viel ab. Er lehnte den sowjetischen Vorschlag vom 10. März sofort ab, bevor der Westen offiziell reagieren konnte. Diese Entscheidung wog schwer, weil er damit die Glaubwürdigkeit seiner eigenen Deutschlandpolitik

belastete und sich dem Vorwurf aussetzte, er wolle nicht einmal Sondierungen zur deutschen Einheit. Der Entschluss, in
seiner Politik so fortzufahren, als ob es die Note nicht gebe,
war verhängnisvoll für seinen Ruf. Mit seiner schroffen Abwei-

Bundesarchiv Plak 005-012-008

Wahlplakat der SPD zur Bundestagswahl 1953.

sung bestätigte er Kritiker, wie sein Kabinettsmitglied den Minister für gesamtdeutsche Fragen Jakob Kaiser (CDU), v.a. aber die SPD-Opposition unter Kurt Schumacher und Teile der öffentlichen Meinung, die auf eine Prüfung der sowjetischen Note gedrängt hatten. Adenauer befürchtete v.a. die Gefährdung seines Westkurses. So blieb es beim Vorwurf seiner Gegner, die Note hätte zumindest ausgelotet und geprüft werden müssen, zumal er über genügend Handlungsspielraum gegenüber den Westmächten verfügte.

Wie reagierten Anhänger und Befürworter Adenauers?

Anhänger und Befürworter gaben dem Bundeskanzler Recht, das «Täuschungs-» und «Störmanöver» abgewiesen zu haben, weil letztlich Stalin ein neutrales und vereintes Deutschland unter seine politische Kontrolle bringen wolle. Dabei wurde jedoch übersehen, dass dies die UdSSR nicht einmal im Falle Finnlands oder Österreichs anstrebte und dies geschweige denn gelungen war. Deutschland war aber ein anderer Fall. Bei einer möglichen Rückkehr zu einer gemeinsamen Vier-Mächte-Verwaltung hätte sich nach Ansicht Adenauers die Chance eines sowjetischen Zugriffs auf das Ruhrgebiet eröffnet, was verhindert werden sollte. Er sprach daher von «Neutralisierung» Deutschlands, von der jedoch in der Note überhaupt keine Rede war. Für ihn war «Neutralisierung» gleichbedeutend mit «Sowjetisierung», während der bayerische CSU-Politiker Franz Josef Strauß noch weiterging und im Falle der Annahme der Stalin-Note vor einer «Bolschewisierung» Deutschlands warnte. Adenauer fürchtete tatsächlich die Ernsthaftigkeit des Angebots und die damit verbundenen Gefahren für seine politische Position. Daher wollte er unbedingt verhindern, dass der Westen auch nur zum Schein in Moskau sondieren und verhandeln würde, wie es US-Außenminister Dean Acheson am 29. April 1952 vorgeschlagen hatte. Der Bundeskanzler scheute selbst dieses

Risiko eines scheinbaren Eingehens auf das Angebot, weil er es eben nicht als plumpe Propaganda, sondern als ernsten Versuch verstehen musste, die Westintegration der Bundesrepublik zu verhindern.

Plakat der DDR aus dem Jahr 1951.

War die Forderung nach «Einheit in Freiheit» ein bundesdeutsches Ablenkungsmanöver zur Erreichung des Primärziels der Westintegrationspolitik der Bundesrepublik?

Zur kritischen Frage, ob die Sowjetunion im ersten Nachkriegsjahrzehnt wirklich die Bereitschaft zu Einheit in Freiheit Deutschlands aufbrachte, stellt sich die Zusatzfrage, warum die Westmächte und Adenauer dies dann nicht mit der sowjetischen Führung klärten, offenlegten und sich damit jeglichen Zweifels an der Ernsthaftigkeit ihrer eigenen Deutschlandpolitik entledigten? Die Bundesrepublik war als deutscher Weststaat bereits 1949 etabliert und schloss am 18. April 1951 einen Vertrag über die Montanunion mit den Benelux-Staaten, Italien und Frankreich über eine Europäische Gemeinschaft für Kohle und Stahl (EGKS), der aber zum Zeitpunkt von Stalins Vorschlag noch nicht in Kraft war, was erst am 23. Juli 1952 geschah – am 11. Januar hatte die Bundesrepublik bereits den Beitritt zur Montanunion ratifiziert. Parallel dazu war auch eine Europäische Verteidigungsgemeinschaft (EVG) mit den genannten Staaten in Planung, die mit der NATO und den USA zusammenarbeiten sollte, was Stalin sehr wahrscheinlich verhindern wollte.

Inwiefern war ein Ende des alliierten Notenwechsels gegeben?

Nach Unterzeichnung des EVG-Vertrags am 27. Mai 1952 hielt der britische Außenminister Anthony Eden tags darauf fest, dass die Westmächte gegen Stalin die «Notenschlacht» gewonnen hatten («had won the battle of the notes»). Es ging um Verhinderung von Verhandlungen mit der Sowjetunion und die Fortsetzung der Westintegration der Bundesrepublik – auf Kosten der Teilung Deutschlands, die billigend in Kauf genommen wurde. Ein solche Lösung mit dem westdeutschen

Potenzial auf ihrer Seite erschien für die Westmächte die bessere Lösung. Schließlich war von ihnen auch nicht zu erwarten, mehr für die deutsche Einheit zu tun, als westdeutsche Spitzenpolitiker selbst zu tun bereit waren. Der Notentausch verlor in Folge für den Kreml jeglichen Wert und ging zur reinen Propaganda über.

Hat Stalin seine Angebote nur in der Annahme vorgelegt, dass der Westen ohnedies darauf nicht eingehen würde und was wäre daraus zu schließen?

Wenn die Argumentation zutrifft, dass die Noten Stalins nur in der Annahme erfolgt wären, der Westen würde ohnedies nicht auf die sowjetischen Angebote eingehen, dann war es für Adenauer und die Westmächte eine einmalige Gelegenheit, die vertan worden ist, um die vermeintliche Unaufrichtigkeit Stalins aufzudecken und bloßzustellen. Damit wurde verpasst, die «Legende von der vertanen Chance» zu entmythologisieren. Das Argument, wonach Adenauer richtig erkannt habe, dass es sich um einen reinen Propagandaschachzug handelte und deshalb den Vorschlag nicht aufgegriffen habe, erscheint zweifelhaft. Wenn es so war, dann fragt sich, warum die Möglichkeit ausgelassen wurde, Stalin gegenüber der deutschen Öffentlichkeit zu demaskieren und sein «Manöver» vor der Weltöffentlichkeit als Propaganda zu entlarven? Tatsächlich fürchtete Adenauer die Ernsthaftigkeit des Angebots sowie die damit verbundenen Gefahren und scheute deshalb das Risiko eines Eingehens – zumal er die Note folgerichtig als ernsten Versuch verstehen musste, die Westintegration der Bundesrepublik zu stoppen und zu verhindern, was eines der Hauptmotive Stalins gewesen sein dürfte. Adenauers Politik sollte die Sondierungsverweigerung aus dem Jahre 1952 negativ anhaften und einen Schatten auf seine Deutschlandpolitik werfen.

Welche Motive hatte Stalin und welche Ziele verfolgte er?

Stalins Motive sind vor einem größeren historischen Hintergrund einzuordnen. Konsequent, opferbereit und skrupellos war er – auch gegenüber seinen eigenen Anhängern und Parteigenossen. So wie er nach Abschluss des Nichtangriffspakts mit dem «Dritten Reich» am 23. August 1939 die deutschen Kommunisten im Moskauer Exil an Hitler-Deutschland auslieferte, so war nicht ausgeschlossen, auch die SED-Politiker für ein koalitionsfreies Gesamtdeutschland 1952 fallen zu lassen. Amerikaner, Briten und Franzosen zum Abzug aus Deutschland zu bewegen, wäre für Stalin nach dem Sieg im «Großen Vaterländischen Krieg» ein weiterer spektakulärer Erfolg gewesen. Seine ersten zwei Angebote vom 10. März und 9. April wiesen Substanz auf und waren neue, detaillierte und sachbezogene Vorschläge. Mehr war hinsichtlich eines ersten Schritts nicht zu erwarten. Selbst den Vorschlag einer einseitigen Räumung der besetzten Länder durch die Sowjetunion hätten die Westmächte immer noch als «Falle» auslegen und ihre Truppenpräsenz aufrechterhalten können. Die sowjetische Position ging seit der Potsdamer Konferenz vom 17. Juli bis 2. August 1945 wiederholt von Deutschland als wirtschaftlichem Gesamtkomplex aus. Die Gründung eines ostdeutschen Staates war trotz früherer Teilungspläne nicht von langer Hand in Moskau geplant, sondern ein zeitbedingtes Produkt der Entwicklungen von 1945 bis 1948/49. Die in Reaktion auf die am 23. Mai 1949 erfolgte Weststaatsgründung am 7. Oktober aus der Taufe gehobene DDR war ein Nebenprodukt im Zeichen der fehlgeschlagenen sowjetischen Berlin-Blockade durch Stalin (1948/49). Ein (Separat-)Friedensvertrag mit der DDR war von Moskau nicht beabsichtigt und wurde nie geschlossen. Die formelle «Anerkennung» der «Souveränität» der DDR ließ nach ihrer Gründung noch Jahre auf sich warten und wurde erst nach Stalins Tod seitens des Kreml gewährt – eine echte Souveränität besaß die DDR

nie. Die seit 1950 im Zeichen des Koreakriegs anlaufende
«Wiederbewaffnung» Westdeutschlands war für Stalin eine
Bedrohungsvorstellung, zumal noch viele Wehrmachtsoffizie-
re mit «Russland-Erfahrung» in Westdeutschland verfügbar
waren. Über das militärische Leistungspotential der USA war
sich Stalin im Klaren. Der sowjetische Triumph im «Großen
Vaterländischen Krieg» wäre ohne die amerikanische Unterstützung nicht möglich gewesen. Die «Wiederbewaffnung»
Westdeutschlands in Kombination mit dem US-Streitkräf-
te-Potential und der Vorsprung der Nukleartechnologie der
Vereinigten Staaten waren für Stalin eine zusätzliche Horror-
vorstellung. Eine westintegrierte Bundesrepublik im Rahmen
der Montanunion und einer Europaarmee bedeuteten für ihn
eine bedrohlichere und schlechtere Lösung als ein koalitionsfreies Gesamtdeutschland.

War die Stalin-Note auch mit Risiken für den
Kremlherrscher selbst verbunden?

Sein Angebot kann an der bisherigen sowjetischen Politik im
Verhältnis zu den anderen sozialistischen Staaten gesehen
werden, die unter Stalins Kontrolle standen. Eine Freigabe der
DDR für eine gesamtdeutsche Lösung hätte auch blockinterne
Rückwirkungen auslösen können, zumal z.B. die Volksrepub-
lik Polen – bei einem geeinten Deutschland durch Wegfall der
DDR als Sperrriegel – der westlichen Welt nähergekommen
wäre. Ein blockfreies und demokratisches Deutschland hätte
auch Anreize für andere sozialistische Staaten bieten und
somit auch geostrategische Nachteile für die UdSSR schaffen können. So gesehen wäre das Angebot Stalins bei einer
Annahme durch Adenauer und den Westen nicht risikofrei
gewesen, was sowohl für seine Ernsthaftigkeit als auch für
seine Gefährlichkeit für Moskau selbst zu werten gewesen
wäre. Indem Stalin auf den noch vorhandenen und den Deutschen zugesprochenen Nationalismus setzen wollte, konnte

ein solcher indirekt auch in den übrigen mittelosteuropäischen sozialistischen Staaten hervorgerufen und stimuliert werden, was nicht im sowjetischen Interesse sein konnte.

Immer wieder gab es Kontroversen zwischen Historikern in der Frage der Beurteilung der Stalin-Note. Wie lässt sich der Streit zusammenfassen?

Das Thema Stalin-Note bewegt die Historikerzunft bis heute. Sprach die eine Seite von einer «Falle» und «Finte», «Lockungen» und «Täuschungsversuch», so die andere von «Ernsthaftigkeit», «Substanz» und einer «verpassten Gelegenheit». Jahrzehntelang wurde in diversen Archiven, zuletzt in russischen, nach entscheidenden Dokumenten gesucht, die jeweils die eine oder andere These klären und stützen konnten. Die Teilöffnung sowjetischer Archive und deren Nutzung erbrachte mitunter aufschlussreiche Einzelergebnisse, aber nicht den «endgültigen Beleg» für die Ernsthaftigkeit bzw. Unaufrichtigkeit der Stalin-Note vom 10. März. Der «definitive Beweis» für das «Störmanöver», die «vertane Chance» oder «Stalins großen Bluff» konnte nicht vorgelegt werden. Bis heute ist kein Konsens unter Historikern feststellbar: Während die einen im Sinne der Bereitschaft Stalins zur deutschen Einheit argumentierten, zogen die anderen die Glaubwürdigkeit seiner Deutschland-Offerten in Zweifel, wobei die jüngeren und neuesten Studien mit Zugang zu sowjetischen Archivmaterialien entstanden.

Wollte Stalin gar kein neutrales Deutschland?

In der Forschung wurde zum Teil auch ausgeschlossen, dass Stalin überhaupt ein neutrales Deutschland beabsichtigte. Dabei wird mit der unmittelbaren Vorgeschichte argumentiert: Im Februar 1951 − dem «Geburtsjahr der Stalin-Note»

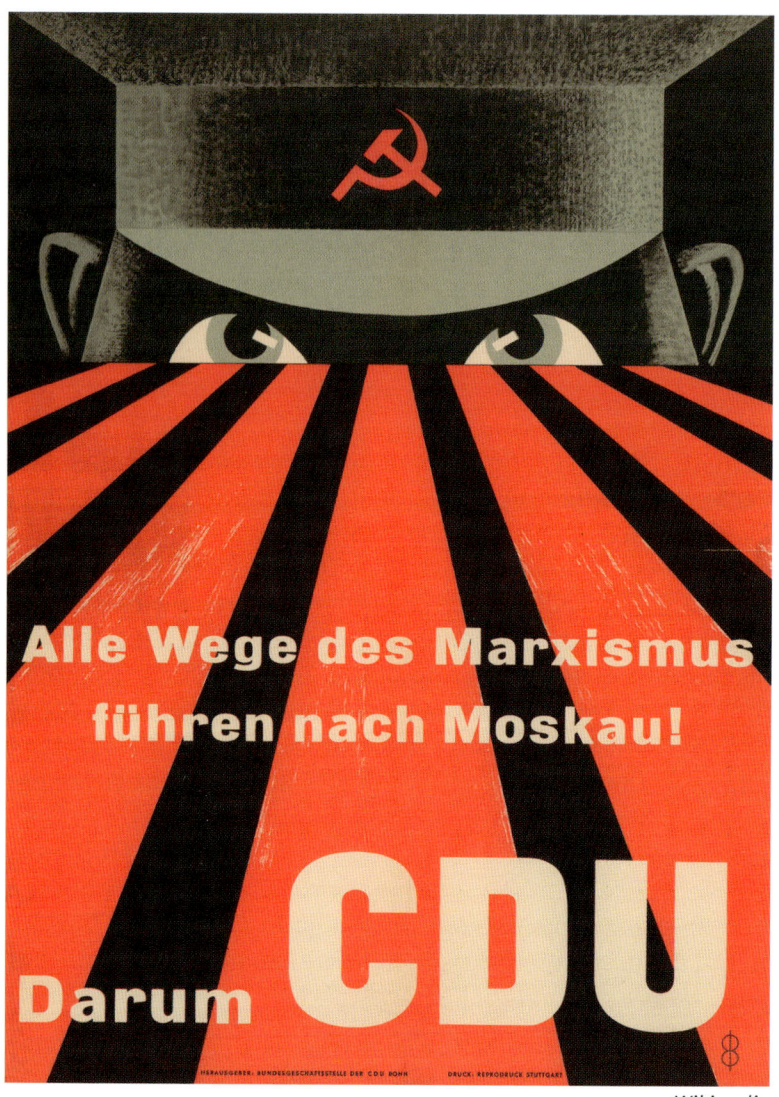

Wikipedia

Wahlplakat der CDU aus dem Jahr 1953.

– hatte SED-Chef Walter Ulbricht angeregt, die Neutralisten-Bewegung in Westdeutschland auszunutzen, die sich durch verschiedene Gruppierungen repräsentiert, für ein neutrales und vereintes Deutschland, losgelöst von einem westlichen Militärbündnis einsetzte. Die angloamerikanischen Aufrüstungspläne für Westdeutschland sollten verhindert und die «US-Kriegstreiber entlarvt werden». Der Vorschlag fand im sowjetischen Außenministerium bei Andrej Wyschinskji und Wjatscheslaw Molotow Gefallen. Andrej Gromyko plädierte für ein Referendum gegen die Remilitarisierung in Deutschland. Gleichwohl Stalin 1952 alles allein zu entscheiden hatte – niemand konnte etwas anderes wagen – fanden die erwähnten Anregungen zu einer Mobilisierung der westdeutschen Massen für die Bündnislosigkeit bzw. «Neutralisierung» Deutschlands auch seine Zustimmung. Man erhoffte sich demnach ein Aufbegehren gegen Adenauer. Weiter wird argumentiert, dass Stalin zwar mit der Neutralität für ein wiedervereintes Deutschland «gelockt», sie aber gar nicht gewollt habe.

Was wurde in der Stör- und Täuschungsmanöver-Argumentation nicht berücksichtigt?

Der Forderung nach freien Wahlen in Deutschland, dem wichtigsten Anliegen des Westens in seiner Antwort, wurde am 9. April 1952 in der zweiten Note Stalins zugestimmt. Das Angebot freier Wahlen implizierte bereits das Österreich-Modell mit praktizierten freien Wahlen 1945 und 1949 in der dortigen sowjetischen Besatzungszone mit dem bekannten negativen Ausgang für die Kommunisten, was Moskau in Kauf genommen hatte. Nationale Streikräfte boten eine völkerrechtliche Grundlage und waren ein integrales Element für eine bewaffnete Neutralität. Ohne diesen Aspekt zu deuten, wird im Nationalarmee-Angebot der Stalin-Noten für das gesamte Deutschland nur ein Mittel zur Rechtfertigung für den (späteren) Aufbau der Nationalen Volksarmee (NVA) der DDR gesehen, was zu kurz greift. Klarerweise konnte der Kreml nicht auf die KPD in der Bundesrepublik zählen. Dafür war sie zu diskreditiert und zu schwach, aber die SPD befand sich zu dieser Zeit in einer weitaus stärkeren Position, ja in einer Fundamentalopposition zum Westkurs Adenauers, was Stalin für seine Ziele nutzen konnte. In den Noten 1952 war aber weder von «Neutralität» noch «Neutralisierung» Deutschlands, sondern von «Koalitionsfreiheit» die Rede. Die die Ernsthaftigkeit der Angebote bestreitende Forschung hat zum Teil die zeitgenössischen bundesdeutschen Bewertungen übernommen. Als einziges sowjetisches Ziel wurde die «Neutralisierung» mit der «Sowjetisierung» gleichgesetzt oder gar als «Vorstufe zur Bolschewisierung» von ganz Deutschland beurteilt, was propagandistisch überzogen scheint. Die übermäßig betonte Frage nach der Seriosität der sowjetischen Deutschlandpolitik diente zur Ablenkung von der Haltung des deutschen Bundeskanzlers und der Westmächte. Zuletzt fragt sich ernsthaft, ob sich Stalin 1952 tatsächlich mit der deutschen Teilung, d.h. auch mit der Überlassung des westdeutschen Potentials an den Westen und dem Verzicht auf jeglichen Zugang zum Ruhrgebiet, abfinden wollte.

Warum war Koalitionsfreiheit und nicht erklärtermaßen Neutralität für Deutschland in der Stalin-Note angeboten worden?

Die sowjetische Völkerrechtslehre befasste sich erst spät mit Neutralität als Möglichkeit für den außenpolitischen Status eines Landes, praktisch erst seit seiner Initiierung für Österreich 1955 und vor dem Hintergrund der blockfreien bzw. neutralistischen Bewegung unter den afroasiatischen Kolonien. Die nahezu gleichzeitig aufkommende Lehre von der «friedlichen Koexistenz» ging auf die sowjetische Außenpolitik zurück. Eine Note des sowjetischen Außenministeriums vom 7. März 1955 an die Regierung der Niederlande stellte eine Bindung der UdSSR an die Haager Konventionen von 1899 und 1907 fest. Neutralität wurde dabei als Blockfreiheit sowie unabhängige Politik im Krieg und im Frieden begriffen, wobei man dies als permanente Neutralität oder Politik des Neutralismus verstand, die begrifflich und inhaltlich synonym erschienen.

Zuletzt ist eine Reihe neuer die Debatte weiterführende Dokumente offengelegt aber nicht geklärt worden, was genau Stalins Konzept von Neutralität war – wenn er überhaupt eines hatte. Sollte Stalin Neutralität für Deutschland nur zum Schein angeboten haben, dann wäre es kein ausgereiftes Konzept, sondern nur eine missbräuchliche Instrumentalisierung gewesen. Einseitige Deutungen seiner ersten beiden Angebote gingen in ihrer Ausschließlichkeit an der Mehrdimensionalität und Vielfalt der Angebotsinhalte sowie der hinter ihnen stehenden Intentionen und Motive vorbei. Stalins Note vom 10. März stellte einen Verbund von Teilaspekten dar, die sich nicht widersprachen, sondern kombinieren ließen.

Inwiefern war die deutsche Frage in den Jahren 1952-1955 noch offen?

Im Unterschied zu Historikern, die von der Alternativlosigkeit der Westintegrationspolitik Adenauers ausgegangen sind und diese These nach wie vor vertreten, kann festgehalten werden, dass in der deutschland- und europapolitischen Entwicklung bis einschließlich 1955 noch Gelegenheiten und Handlungsspielräume bestanden, die die Fundamente der Politik Adenauers hätten erschüttern können. Es war weit weniger mangelnde Durchsetzbarkeit einer alternativen Politik bei den alles entscheidenden Amerikanern – es gab Anknüpfungspunkte bei der stärksten Macht der westlichen Drei, den USA, noch eine Wende herbeizuführen – als fehlende Bereitschaft und mangelnder Wille zu Verhandlungen über

einen gesamtdeutschen Friedensvertrag beim deutschen
Bundeskanzler. Die Entwicklung war bis zum Genfer Gipfel
vom 18. bis 23. Juli 1955 und zur Genfer Außenministerkonferenz vom 27. Oktober bis 16. November 1955 noch offen und
die bisherige Entwicklung nicht unumkehrbar.

Inwiefern lässt sich die Stalin-Note in einen größeren europäischen und internationalen Kontext einordnen?

Die Stalin-Note ist nicht nur vor einem größeren historischen
Hintergrund, sondern auch im Lichte der zeitgenössischen
internationalen Beziehungen einzuordnen. Zum sicherheits-
politischen Kontext gehörte die französische Debatte um die
EVG (1950-1952), der die Bundesrepublik angehören sollte,
was im Mai 1952 vertraglich unterzeichnet werden sollte.
Die USA besaßen die Atombombe und arbeiteten bereits
erfolgreich an der Wasserstoffbombe, was Stalin nicht ver-
borgen blieb. Am 31. Oktober 1952 führten sie den ersten
Test durch – die Sowjetunion erst drei Jahre später. Der Koreakrieg dauerte noch an. Die Alliierten konnten die Nordkore-
aner zurückdrängen. Die Kommunistische Partei Frankreichs
(KPF) war nach dem 10. März plötzlich auch auf eine Nationalarmee eines vereinten Deutschlands eingeschwenkt, was
die Öffentlichkeit in ihrem Land mobilisieren und die Regierung zu Verhandlungen bewegen sollte. Selbst die französischen Kommunisten, bis dato leidenschaftliche Gegner einer
deutschen Armee «in welcher Form auch immer», wechselten von der Ablehnung der deutschen Remilitarisierung zur
Befürwortung deutscher Streitkräfte als «Friedensarmee».
Griechenland und die Türkei waren kurz zuvor Mitglieder
des transatlantischen Bündnisses im Rahmen eines NATO-
Nahost-Kommandos geworden. In den USA lief der Präsident-
schaftswahlkampf unter aussichtsreicher Beteiligung des
isolationistisch ausgerichteten Republikaners Robert A. Taft
an, der dann jedoch Dwight D. Eisenhower unterliegen soll-

te. Im Falle des Republikaners Eisenhower drohte für Stalin zusätzlich die Gefahr, dass die USA weiterhin international eventuell sogar noch wirksamer im Sinne der «Politik der Stärke» von Adenauer agieren würden.

Inwiefern lässt sich jenseits der klassischen Pro- und Contra-Argumente eine Neubewertung der Stalin-Note im Sinne einer Synthese der Kontroverse vornehmen?

Trotz neuerer sowjetrussischer Quellenfunde und entschiedener Urteile konnte bis zuletzt keine definitive Klärung herbeigeführt werden, zumal Stalins Gedankengänge weder klar belegbar noch eindeutig bestimmbar sind. Sein Vorschlag vom 10. März 1952 erscheint als ein Angebot für alle Fälle und eine diplomatisch-politische Mehrzweckwaffe. Es enthielt einerseits seriöse Verhandlungselemente, diplomatisch wie politisch, andererseits bestimmte Propagandaelemente zur Beeinflussung der deutschen und französischen Öffentlichkeit. Die ersten beiden Noten wiesen defensive und offensive Elemente auf. Sie weckten Hoffnungen und Erwartungen, beinhalteten aber auch Gefahren und Risiken sowohl für die Bundesrepublik als auch für den Westen. Mit einer mehrdimensionalen Politik hielt sich Stalin alle möglichen Optionen offen: Aufwiegelung, Mobilisierung und Verunsicherung der westdeutschen Öffentlichkeit gegenüber der Regierung Adenauer, Spaltung und Verwirrung im westlichen Lager, Schuldzuweisung an die Bundesrepublik und den Westen für die Teilung Deutschlands, Erleichterung der Ostintegration der DDR, Verhinderung der Westintegration der Bundesrepublik und ihre Herauslösung aus dem atlantisch-europäischen Verbund, Anfachung antiwestlicher neutralistischer Stimmungen, Schaffung eines einheitlichen und koalitionsfreien, d.h. neutralen Deutschlands zur Beendigung der Aufrüstungsspirale, Schwächung der NATO, Umwerbung deutschnationaler Kreise im gesamten Deutschland etc. Die Führungsspitze der UdSSR verfolgte mit dieser Gesamtstrategie gleichzeitig Minimal- wie Maximalziele, d.h. die Verzögerung oder Verhinderung der Blockeinbindung der Bundesrepublik. Insgesamt handelte es sich bei den Stalin-Noten vom März und April 1952, deren Seriositätsgehalt im Vergleich zur Propaganda der beiden folgenden Noten auffällt, um dynamische, flexible, offene und vieldeutige Angebote, die verschiedene Interpretationen ermöglichten.

Vor welchem historischen Hintergrund sowjetischer Deutschlandpolitik konnte die Stalin-Note ein Angebot für alle Fälle sein?

Studien zur sowjetischen Deutschlandpolitik nach 1945 haben drei verschiedene Komponenten herausgearbeitet: Erstens die Orientierung an einem «sozialistischen» Gesamt- bzw. später Ostdeutschland, zweitens die Konzeption eines «harten Friedens» und drittens eine «gemäßigte Variante», die einen bürgerlich-demokratischen deutschen Staat bevorzugte, der außenpolitisch der sowjetischen Räson gehorchte und die Lösung der Grenz- und Reparationsfragen analog den Vorstellungen des Kremls akzeptierte. Diese Strategiemuster («sozialistisches» Gesamtdeutschland oder Teildeutschland, «harter Friede» und «bürgerlich-demokratischer deutscher Staat») konkurrierten miteinander. Die anderen Varianten sollten als taktische Mittel eine gewisse Rolle gespielt haben. Der «harte Frieden» stammte aus der Zeit der interalliierten Gespräche während des Krieges und der Sozialismus als gesamtdeutsche Variante sei nicht einmal propagandistisch ernsthaft verfolgt worden. Diese Optionen hätten dem Zweck gedient, entweder vorbeugend oder nachwirkend den wirklichen oder vermeintlich unkooperativen Schritten des Westens im Nachkriegsdeutschland zu widerstehen und kooperative Lösungen herbeizuführen. Die Nutzung untauglicher Strategien als angeblich taugliche Taktiken war bereits theoretisch höchst fraglich. Sie führten in der Praxis zum Vertrauensschwund unter den Alliierten und zu Niederlagen für die sowjetische Deutschlandpolitik. Die Diskussion über die Absichten der Deutschlandpolitik der UdSSR fand in der jüngeren Forschungsliteratur zur sowjetischen Militäradministration (SMAD) in der DDR insofern ein Ergebnis, dass sowohl die Einheit Deutschlands als auch die Sowjetisierung der sowjetischen Besatzungszone von Stalin gleichzeitig als Optionen bewusst offengehalten worden waren, wobei praktisch gesehen die Politik der SMAD nach und nach auf eine Sowjetisierung hinauslief.

Inwiefern war der Ausgang des Notenwechsels ein verlorener Sieg Stalins?

Bei aller Attraktivität, Vieldeutigkeit und Zwiespältigkeit der sowjetischen Angebote führten diese zu keinem Erfolg für Moskau. Stalin hatte vor allem Zeit verloren, ein Faktor, der unwiederbringlich ist. In den Jahren 1950/51 wäre in der Deutschlandfrage noch mehr zu bewegen gewesen als 1952 im Zeichen der sich abzeichnenden Inkraftsetzung der Europäischen Gemeinschaft für Kohle und Stahl (EGKS) und der zu erwartenden Vertragsunterzeichnung der EVG, aber selbst jetzt war für die sowjetische Deutschlandpolitik noch nicht alles verloren. Wenn zudem von einer «vertanen Chance» gesprochen wird, ist nicht zu übersehen, dass die Sowjetunion sowohl vor als auch nach 1952 keine Zeichen des Entgegenkommens gegenüber Österreich als Testfall für Deutschland setzte, einem Land, welches sich als Demonstrationsmöglichkeit für die Glaubwürdigkeit ihrer Deutschlandpolitik angeboten hätte. Dieser Umstand wiegt umso schwerer, als die Opfer einer solchen Politik für Moskau – im Vergleich zu Deutschland – nicht so groß gewesen wären. Wenn den Angeboten Stalins nicht nur propagandistische Absichten innegewohnt haben, dann sind hinsichtlich des

«Testfalls» Österreichs von sowjetischer Seite Chancen vergeben worden, um die Ernsthaftigkeit seiner Deutschlandpolitik via Österreich zu demonstrieren. So fiel die Frage der westlichen Akzeptanz der Noten Stalins seiner Deutschland-Obsession bei gleichzeitiger Österreich-Ignoranz zum Opfer.

Inwiefern fand Stalins Vorschlag durch Österreich Anwendung?

Am Ballhausplatz in Wien studierte man die Stalin-Note vom 10. März 1952 und zog Lehren daraus. Man glaubte, eine Anwendbarkeit für Österreich ableiten zu können. Außenminister Karl Gruber griff im Nationalrat in einer Rede am 2. April 1952 das Thema Neutralität in bewusster Absetzung und Abgrenzung zur KPÖ positiv auf, die diesen Gedanken bereits seit Anfang der 1950er-Jahre propagiert hatte: Neutralität – wenn sie als völkerrechtlich verbindliches Instrument nicht einseitig, sondern nach allen Seiten gehandhabt werde – sah Gruber als Möglichkeit für eine zukünftige österreichische Außenpolitik. Der Zusammenhang mit der Stalin-Note ist eindeutig. Das SED-Regime, welches Moskau zunehmend als selbstständigen Akteur ins Spiel zu bringen versuchte, folgte letztlich stets detaillierten Weisungen. Die öffentliche Empfehlung des Österreich-Modells für die Lösung der deutschen Frage durch Walter Ulbricht im Vorfeld des österreichischen Staatsvertragsabschlusses vom 15. Mai 1955 wäre so auch als Wunschvorstellung von sowjetischer Seite für die Zukunft Deutschlands zu verstehen.

War der sowjetische Truppenabzug aus Österreich 1955 eine Ausnahme?

Die Unterzeichnung des Staatsvertrags, Österreichs Zusage zur Neutralität und der folgende Truppenabzug der vier

Besatzungsmächte im Jahre 1955 wirkten im Zeichen der Ost-West-Konfrontation wie Paukenschläge. Im Lichte der Geschichte war das aber kein so außergewöhnlicher Vorgang: Österreich war nicht der erste und einzige Raum, aus dem sich die Sowjetunion zurückgezogen hatte, sondern auch aus Jugoslawien (Dezember 1944), Nord-Norwegen (September 1945), der Tschechoslowakei (Dezember 1945), von Bornholm (April 1946), der Mandschurei (Mai 1946), dem Iran (Mai 1946), Bulgarien (Dezember 1947), Nordkorea (Dezember 1948), China (Dairen und Port Arthur, Mai 1955), Finnland (Porkkala-Udd, Januar 1956) und Rumänien (Juli 1958), wenngleich damit auch Gefahren informeller Abhängigkeiten von Moskau und sowjetische Einflussnahmen verbunden sein konnten, die wiederum von Fall zu Fall variierten und mitunter auch folgenlos waren.

Ließ sich Österreich mit Deutschland überhaupt vergleichen?

Das Argument fehlender Vergleichsmöglichkeit schloss Erkenntnis- und Anwendungsmöglichkeiten zur Problemlösung beider Fälle nicht aus. Die stufenweise Einbindung der noch nicht-souveränen Bundesrepublik in das westliche System und ihre totale Integration vollzog sich unter westalliierter militärischer Kontrolle und geheimdienstlicher Überwachung. Separat-Vertrags- und Militärbündnisverzicht waren dagegen der Preis, den Österreich für staatliche Einheit und innere Freiheit an die UdSSR zu zahlen hatte. Der Staatsvertrag legte dem Land auch Einschränkungen auf. Die später gewählte Neutralität begrenzte außenpolitische Handlungsspielräume.

Die «Wiederbewaffnung» der Bundesrepublik und ihr Beitritt zur WEU und NATO waren der Preis, um mehr «Souveränität» zu erlangen, die aber faktisch nicht sogleich realisiert wurde. Die militärische Aufrüstung der westlichen Zonen

Österreichs unter westlichem Kommando war hingegen nicht Vorbedingung verpflichtender und einseitiger Westintegration mit der folgenschweren Konsequenz der Teilung des Landes. Die Verfügungsgewalt über die Streitkräfte sollte nahezu allein Österreich zustehen, wie dies in den beiden Stalin-Noten vom 10. März und 9. April 1952 für ein vereintes Deutschland angeboten worden war. Seit diesem Jahr deuteten sich getrennte Wege für beide Staaten an: Neutralität, Einheit und Westorientierung einerseits; NATO, Westintegration und Teilung des Landes andererseits.

Inwiefern war Adenauers Position gegen das Österreich-Modell 1955 eine epochale Entscheidung?

Ob die Sowjetunion mit dem Österreich-Beispiel (Vorverhandlungen in Moskau, Staatsvertragsabschluss, Truppenabzug für Neutralitätserklärung) 1955 eine ähnliche Lösung für Deutschland schaffen wollte, ist eine weitere Streitfrage. Hinzu kam, dass dieses Alternativ-Modell geeignet war, die folgenschwere Entscheidung der Westbindungspolitik der Bundesrepublik verbunden mit der Teilung Deutschlands grundsätzlich in Zweifel zu ziehen und ein unerwünschtes Szenario zum deutschen Weststaat darzustellen. Mit einem neutralen Deutschland wäre auch die gerade erst in Gang gesetzte westeuropäische Integration nicht nur der Bundesrepublik gestoppt worden. Genau das war es, was Stalin wollte und was für die Ernsthaftigkeit seiner Note sprach. Maßgebliche Kreise der französischen Diplomatie sahen im Frühjahr 1955 in der sowjetischen Politik der «Österreichlösung» gemeinsam mit den Westmächten eine Zielrichtung, die «einzig auf Deutschland gerichtet» war. Im angloamerikanischen Lager überwog die Auffassung, die UdSSR meine es mit dem «Modellfall» Österreich für Deutschland ernst, was aber wie schon 1952 als «gefährliche» Lösung – allerdings auch für die Sowjetunion selbst – gesehen wurde. Adenauer sah Moskaus Österreich-Politik 1955 ernsthaft gegen den Vollzug der militärischen Westintegration der Bundesrepublik gerichtet. Er erblickte im österreichischen Bekenntnis zur Neutralität eine bedrohliche Alternative für die alliierte Deutschlandpolitik. Die Vier sollten nicht mehr über Deutschland und seinen Kopf hinweg beraten und verhandeln. Adenauers Entscheidungen der Jahre 1952-1955 legten nicht nur die Westintegration Deutschlands, sondern auch die Westintegration Westeuropas für Jahrzehnte im Rahmen der NATO fest – mit Auswirkungen bis heute.

Wie reagierte Adenauer auf die Idee eines neutralen Staatengürtels in Europa seitens des US-Präsidenten Dwight D. Eisenhower 1955?

Als der amerikanische Präsident Dwight D. Eisenhower am 18. Mai 1955, drei Tage nach Unterzeichnung des österreichischen Staatsvertrags, auf einer Pressekonferenz eine positive Stellungnahme zu einem neutralen Staatengürtel in Europa abgab und Sympathie für eine bewaffnete Neutralität Deutschlands nach Schweizer Muster zu erkennen gab, versetzte das Adenauer in Rage und ließ ihn gegen «die ganze österreichische Schweinerei» wettern. Er intervenierte erfolgreich bei US-Außenminister John Foster Dulles, der eine klare Absage an Neutralitätslösungen für Deutschland erteilte. Beide wollten «keine Experimente», wie Adenauer das später auch im Wahlkampf 1957 plakatieren ließ. Die Wiederherstellung der deutschen Einheit war aber nur mit Experimenten und vor allem auch nur mit allen vier Mächten zu erreichen wie 1990 deutlich wurde. Die Neutralität zwischen Ost und West erwies sich im Falle Österreich 1955 als konfliktlösend und spannungsentschärfend.

Die sowjetische Note vom 10. März 1952.
Originaltext in deutscher Übersetzung.

«Die Sowjetregierung hält es für notwendig, die Regierung der Vereinigten Staaten von Amerika darauf aufmerksam zu machen, daß, obwohl seit Beendigung des Krieges in Europa bereits etwa sieben Jahre vergangen sind, immer noch kein Friedensvertrag mit Deutschland abgeschlossen wurde. Um diesen unnormalen Zustand zu beseitigen, wendet sich die Sowjetregierung, die das Schreiben der Regierung der Deutschen Demokratischen Republik mit der an die vier Mächte gerichteten Bitte um Beschleunigung des Abschlusses eines Friedensvertrages mit Deutschland unterstützt, ihrerseits an die Regierung der Vereinigten Staaten von Amerika und an die Regierungen Großbritanniens und Frankreichs mit dem Vorschlag, unverzüglich die Frage eines Friedensvertrages mit Deutschland zu erwägen, damit in nächster Zeit ein vereinbarter Friedensvertragsentwurf vorbereitet und einer entsprechenden internationalen Konferenz unter Beteiligung aller interessierten Staaten zur Prüfung vorgelegt wird.

Es versteht sich, daß ein solcher Friedensvertrag unter unmittelbarer Beteiligung Deutschlands, vertreten durch eine gesamtdeutsche Regierung, ausgearbeitet werden muß. Hieraus folgt, daß die UdSSR, die USA, Großbritannien und Frankreich, die in Deutschland Kontrollfunktionen ausüben, auch die Frage der Bedingungen prüfen müssen, die die schleunigste Bildung einer gesamtdeutschen, den Willen des deutschen Volkes ausdrückenden Regierung fördern.

Um die Vorbereitung des Entwurfs eines Friedensvertrages zu erleichtern, legt die Sowjetregierung ihrerseits den Regierungen der USA, Großbritanniens und Frankreichs den beigefügten Entwurf für die Grundlagen eines Friedensvertrages mit Deutschland zur Prüfung vor.

Die Sowjetregierung schlägt vor, diesen Entwurf zu erörtern, und erklärt sich gleichzeitig bereit, auch andere eventuelle Vorschläge zu dieser Frage zu prüfen.

Die Regierung der UdSSR rechnet damit, in kürzester Frist eine Antwort der Regierung der USA auf den obenerwähnten Vorschlag zu erhalten.

Gleichlautende Noten hat die Sowjetregierung auch an die Regierungen Großbritanniens und Frankreichs gerichtet.

Entwurf der Sowjetregierung über die Grundlagen eines Friedensvertrages mit Deutschland

Seit Beendigung des Krieges mit Deutschland sind fast sieben Jahre vergangen, jedoch hat Deutschland immer noch keinen Friedensvertrag, es ist gespalten und befindet sich gegenüber anderen Staaten in einer nicht gleichberechtigten Situation. Diesem unnormalen Zustand muß ein Ende gesetzt werden. Das entspricht dem Willen aller friedliebenden Völker.

Ohne den schnellsten Abschluß eines Friedensvertrages mit Deutschland kann eine gerechte Behandlung der rechtmäßigen nationalen Interessen des deutschen Volkes nicht gewährleistet werden.

Der Abschluß eines Friedensvertrages mit Deutschland ist von großer Bedeutung für die Festigung des Friedens in Europa. Ein Friedensvertrag mit Deutschland wird die endgültige Lösung der Fragen ermöglichen, die infolge des Zweiten Weltkrieges entstanden sind. An einer Lösung dieser Fragen sind die europäischen Staaten, die unter der Hitler-Aggression gelitten haben, besonders die Nachbarn Deutschlands, zutiefst interessiert. Der Abschluß eines Friedensvertrages mit Deutschland wird zu einer Besserung der internationalen Gesamtlage und damit zur Herstellung eines dauerhaften Friedens beitragen.

Die Notwendigkeit, den Abschluß eines Friedensvertrages mit Deutschland zu beschleunigen, wird dadurch diktiert, daß die Gefahr einer Wiederherstellung des deutschen Militarismus, der zwei Weltkriege entfesselt hat, nicht beseitigt ist, weil die entsprechenden Beschlüsse der Potsdamer Konferenz immer noch nicht durchgeführt sind. Ein Friedensvertrag mit Deutschland soll gewährleisten, daß ein Wiederaufleben des deutschen Militarismus und einer deutschen Aggression unmöglich wird.

Der Abschluß eines Friedensvertrages mit Deutschland wird für das deutsche Volk die Bedingungen eines dauerhaften Friedens herbeiführen, die Entwicklung Deutschlands als eines einheitlichen, unabhängigen, demokratischen und friedliebenden Staates in Übereinstimmung mit den Potsdamer Beschlüssen fördern und dem deutschen Volk die Möglichkeit einer friedlichen Zusammenarbeit mit anderen Völkern sichern. Davon ausgehend, haben die Regierungen der Sowjetunion, der Vereinigten Staaten von Amerika, Großbritanniens und Frankreichs beschlossen, unverzüglich mit der Ausarbeitung eines Friedensvertrages mit Deutschland zu beginnen.

Die Regierungen der UdSSR, der USA, Großbritanniens und Frankreichs sind der Meinung, daß die Vorbereitung eines Friedensvertrages unter Beteiligung Deutschlands, vertreten durch eine gesamtdeutsche Regierung, erfolgen muß, und daß der Friedensvertrag mit Deutschland auf folgenden Grundlagen aufgebaut sein muß:

Grundlagen des Friedensvertrages mit Deutschland
Die Teilnehmer Großbritannien, die Sowjetunion, die USA, Frankreich, Polen, die Tschechoslowakei, Belgien, Holland und die anderen Staaten, die sich mit ihren Streitkräften am Krieg gegen Deutschland beteiligt haben.

Politische Leitsätze
1. Deutschland wird als einheitlicher Staat wiederhergestellt. Damit wird der Spaltung Deutschlands ein Ende gemacht, und das geeinte Deutschland gewinnt die Möglichkeit, sich als unabhängiger, demokratischer, friedliebender Staat zu entwickeln.
2. Sämtliche Streitkräfte der Besatzungsmächte müssen spätestens ein Jahr nach Inkrafttreten des Friedensvertrages aus Deutschland abgezogen werden. Gleichzeitig werden

sämtliche ausländische Militärstützpunkte auf dem Territorium Deutschlands liquidiert.

3. Dem deutschen Volk müssen die demokratischen Rechte gewährleistet sein, damit alle unter deutscher Rechtsprechung stehenden Personen ohne Unterschied der Rasse, des Geschlechts, der Sprache oder der Religion die Menschenrechte und die Grundfreiheiten genießen, einschließlich der Redefreiheit, der Pressefreiheit, des Rechts der freien Religionsausübung, der Freiheit der politischen Überzeugung und der Versammlungsfreiheit.

4. In Deutschland muß den demokratischen Parteien und Organisationen freie Betätigung gewährleistet sein; sie müssen das Recht haben, über ihre inneren Angelegenheiten frei zu entscheiden, Tagungen und Versammlungen abzuhalten, Presse- und Publikationsfreiheit zu genießen.

5. Auf dem Territorium Deutschlands dürfen Organisationen, die der Demokratie und der Sache der Erhaltung des Friedens feindlich sind, nicht bestehen.

6. Allen ehemaligen Angehörigen der deutschen Armee, einschließlich der Offiziere und Generäle, allen ehemaligen Nazis, mit Ausnahme derer, die nach Gerichtsurteil eine Strafe für von ihnen begangene Verbrechen verbüßen, müssen die gleichen bürgerlichen und politischen Rechte wie allen anderen deutschen Bürgern gewährt werden zur Teilnahme am Aufbau eines friedliebenden, demokratischen Deutschland.

7. Deutschland verpflichtet sich, keinerlei Koalitionen oder Militärbündnisse einzugehen, die sich gegen irgendeinen Staat richten, der mit seinen Streitkräften am Krieg gegen Deutschland teilgenommen hat.

Das Territorium
Das Territorium Deutschlands ist durch die Grenzen bestimmt, die durch die Beschlüsse der Potsdamer Konferenz der Großmächte festgelegt wurden.

Wirtschaftliche Leitsätze
Deutschland werden für die Entwicklung seiner Friedens-
wirtschaft, die der Hebung des Wohlstandes des deutschen
Volkes dienen soll, keinerlei Beschränkungen auferlegt.

Deutschland werden auch keinerlei Beschränkungen in
bezug auf den Handel mit anderen Ländern, die Seeschiffahrt
und den Zutritt zu den Weltmärkten auferlegt.

Militärische Leitsätze
1. Es wird Deutschland gestattet sein, eigene nationale
   Streitkräfte (Land-, Luft- und Seestreitkräfte) zu besitzen,
   die für die Verteidigung des Landes notwendig sind.
2. Deutschland wird die Erzeugung von Kriegsmaterial und
   -ausrüstung gestattet werden, deren Menge oder Typen
   nicht über die Grenzen dessen hinausgehen dürfen, was
   für die Streitkräfte erforderlich ist, die für Deutschland
   durch den Friedensvertrag festgesetzt sind.

Deutschland und die Organisation der Vereinten Nationen
Die Staaten, die den Friedensvertrag mit Deutschland abgeschlossen haben, werden das Ersuchen Deutschlands um
Aufnahme in die Organisation der Vereinten Nationen unterstützen.»

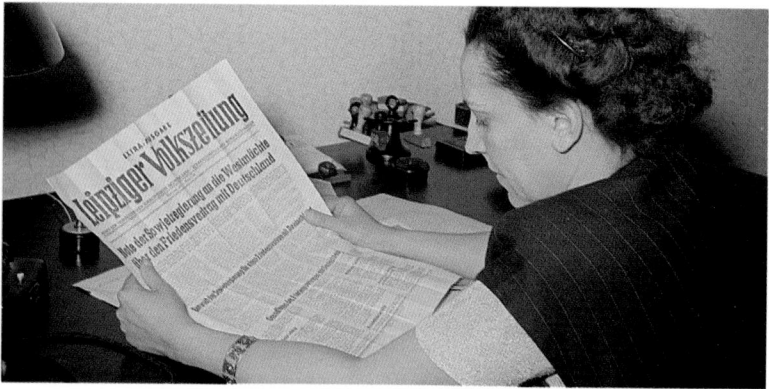

Wikipedia / Deutsche Fotothek
Die DDR-Presse brachte die Note in ganz großer Aufmachung.

Antwortnote der Westmächte vom 25. März 1952. Originaltext in deutscher Übersetzung.

«Die Regierung der Vereinigten Staaten hat die Note der Sowjetregierung vom 10. März, in der der Abschluß eines Friedensvertrages mit Deutschland vorgeschlagen wurde, in Beratung mit den Regierungen Großbritanniens und Frankreichs auf das sorgfältigste erwogen. Die Regierungen der Vereinigten Staaten, Großbritanniens und Frankreichs haben ferner die Regierung der Bundesrepublik und Vertreter Berlins zu Rate gezogen.

Der Abschluß eines gerechten und dauerhaften Friedensvertrages, der die Teilung Deutschlands beendet, ist stets ein wesentliches Ziel der amerikanischen Regierung gewesen und wird es bleiben. Der Abschluß eines derartigen Friedensvertrages macht, wie die Sowjetregierung selbst anerkennt, die Bildung einer gesamtdeutschen Regierung erforderlich, die den Willen des deutschen Volkes zum Ausdruck bringt. Eine derartige Regierung kann nur auf der Grundlage freier Wahlen in der Bundesrepublik, der sowjetischen Besatzungszone und in Berlin geschaffen werden. Derartige Wahlen können nur unter Verhältnissen stattfinden, die die nationalen und individuellen Freiheiten des deutschen Volkes gewährleisten. Die Vollversammlung der Vereinten Nationen hat zur Prüfung der Frage, ob diese erste wesentliche Voraussetzung gegeben ist, eine Kommission ernannt, die eine gleichzeitige Untersuchung in der Bundesrepublik, der Sowjetzone und in Berlin durchführen soll. Dieser Untersuchungskommission ist in der Bundesrepublik und in West-Berlin die erforderliche Unterstützung zugesichert worden. Die amerikanische Regierung würde die Mitteilung zu schätzen wissen, daß eine derartige Unterstützung auch in der Sowjetzone und in Ost-Berlin vorhanden sein wird, damit die Kommission ihre Aufgabe durchzuführen vermag.

Die Vorschläge der sowjetischen Regierung geben keinen Hinweis auf die internationale Stellung einer gesamtdeutschen Regierung vor dem Abschluß eines deutschen Friedensvertrages. Die amerikanische Regierung ist der Ansicht, daß es der gesamtdeutschen Regierung sowohl vor wie nach Abschluß eines Friedensvertrages freistehen sollte, Bündnisse einzugehen, die mit den Grundsätzen und Zielen der Vereinten Nationen in Einklang stehen.

Mit der Unterbreitung ihrer Vorschläge für einen deutschen Friedensvertrag verlieh die Sowjetregierung ihrer Bereitschaft Ausdruck, auch weitere Vorschläge zu erörtern. Die US-Regierung hat von dieser Erklärung Kenntnis genommen. Nach ihrer Ansicht wird es nicht möglich sein, sich auf ins einzelne gehende Diskussionen über einen Friedensvertrag einzulassen, bis die Voraussetzungen für freie Wahlen geschaffen sind und eine freie gesamtdeutsche Regierung gebildet worden ist, die an derartigen Erörterungen teilnehmen könnte. Es bestehen verschiedene grundsätzliche Fragen, die gleichfalls gelöst werden müßten.

So stellt die amerikanische Regierung fest, daß die sowjetische Regierung erklärt, das deutsche Hoheitsgebiet werde durch die Grenzen bestimmt, die durch die Entscheidungen der Potsdamer Konferenz festgelegt wurden. Die amerikanische Regierung möchte daran erinnern, daß in Wirklichkeit keine endgültigen deutschen Grenzen in den Potsdamer Entscheidungen festgelegt wurden, die eindeutig vorsehen, daß die endgültige Entscheidung territorialer Fragen einer Friedensregelung vorbehalten bleiben muß.

Die amerikanische Regierung stellt ferner fest, daß die sowjetische Regierung gegenwärtig der Auffassung ist, der Friedensvertrag solle die Aufstellung nationaler deutscher Land-, Luft- und Seestreitkräfte vorsehen, während gleichzeitig die Freiheit Deutschlands, Bündnisse mit anderen Ländern abzuschließen, eingeschränkt wird. Die amerikanische Regierung ist der Ansicht, daß derartige Bestimmungen einen Schritt zurück bedeuten und den Anbruch einer neuen Epoche in Europa gefährden könnten, in der sich internationale Beziehungen auf Zusammenarbeit und nicht auf Rivalität und Mißtrauen aufbauen. Von der Notwendigkeit einer Politik der europäischen Einheit überzeugt, gibt die amerikanische Regierung Plänen ihre volle Unterstützung, die die Beteiligung Deutschlands an einer rein defensiven europäischen Gemeinschaft sichern, die Freiheit wahren, eine Aggression verhüten und das Wiederaufleben des Militarismus ausschließen sollen. Die amerikanische Regierung ist der Auffassung, daß der Vorschlag der sowjetischen Regierung zur Aufstellung nationaler deutscher Streitkräfte mit der Erreichung dieser Ziele nicht zu vereinbaren ist. Die amerikanische Regierung ist weiterhin überzeugt, daß diese Politik der europäischen Einheit die Interessen irgendeines anderen Landes nicht bedrohen kann und den wahren Weg zum Frieden darstellt.»

Wikipedia

Wahlplakat zur Bundestagswahl 1957.

Literatur

Altrichter, Helmut, Stalin. Der Herr des Terrors, München 2018.

Creuzberger, Stefan, Stalin. Machtpolitiker und Ideologe, Stuttgart 2009.

Dittmann, Knud, Adenauer und die deutsche Wiedervereinigung. Die politische Diskussion des Jahres 1952, Düsseldorf 1981.

Foschepoth, Josef (Hrsg.), Kalter Krieg und Deutsche Frage. Deutschland im Widerstreit der Mächte 1945-1952, Göttingen 1985.

Foschepoth, Josef (Hrsg.), Adenauer und die deutsche Frage, Göttingen 1988, 2. Auflage 1990.

Gehler, Michael, Ein Angebot für alle Fälle. Die Stalin-Note für ein neutrales und vereintes Deutschland 1952, in: International (2022), Heft II, S. 23-27.

Gehler, Michael, Ein wiedervereinigtes und blockfreies Deutschland mit Nationalarmee und die französischen Kommunisten im Jahre 1952, in: Militärgeschichtliche Mitteilungen 44 (1988), Heft 2, S. 75-104.

Gehler, Michael, From an Offer for all Cases to a Model Case? Aspects of the Controversy about the Soviets' Germany, Austria, and Neutrality Policy, 1952-1955, in Current and Recent Research, in: Heinz Gärtner (Ed.), Engaged Neutrality. An Evolved Approach to the Cold War, Lanham – Boulder – New York – London 2017, S. 37-71.

Gehler, Michael, Kurzvertrag für Österreich? Die westliche Staatsvertrags-Diplomatie und die Stalin-Noten von 1952, in: Vierteljahrshefte für Zeitgeschichte 42 (April 1994), Heft 2, S. 243-278.

Gehler, Michael, Modellfall für Deutschland? Die Österreichlösung mit Staatsvertrag und Neutralität 1945-1955, Innsbruck – Wien – Bozen 2015.

Gehler, Michael/Steininger, Rolf, 17. Juni 1953. Der unterdrückte Volksaufstand. Seine Vor- und Nachgeschichte, Reinbek/Hamburg 2018.

Graml, Hermann, Nationalstaat oder westlicher Teilstaat, in: Vierteljahrshefte für Zeitgeschichte 24 (1977), S. 838-842.

Graml, Hermann, Die Legende von der verpaßten Gelegenheit. Zur sowjetischen Notenkampagne des Jahres 1952, in: Vierteljahrshefte für Zeitgeschichte 29 (1981), S. 307-341.

Laufer, Jochen P., Pax Sovietica. Stalin, die Westmächte und die deutsche Frage 1941-1945 (Zeithistorische Studien Bd. 46), Weimar – Köln – Wien 2009.

Laufer, Jochen P./ Sabrow, Martin (Hrsg.), Die UdSSR und die beiden deutschen Staaten 1949-1953. Dokumente aus deutschen und russischen Archiven, Berlin 2023.

Lemke, Michael, Einheit oder Sozialismus? Die Deutschlandpolitik der SED 1949-1961, Köln – Weimar – Wien 2001.

Loth, Wilfried, Das Ende der Legende. Hermann Graml und die Stalin-Note. Eine Entgegnung, in: Vierteljahrshefte für Zeitgeschichte 50 (2002), Heft 4, S. 653-664.

Loth, Wilfried, Die Sowjetunion und die deutsche Frage. Studien zur sowjetischen Deutschlandpolitik, Göttingen 2007.

Loth, Wilfried, Stalins ungeliebtes Kind. Warum Moskau die DDR nicht wollte. Rowohlt, Berlin 1994.

März, Peter, Die Bundesrepublik zwischen Westintegration und Stalin-Noten. Zur deutschlandpolitischen Diskussion 1952 in der Bundesrepublik vor dem Hintergrund der westlichen und der sowjetischen Deutschlandpolitik (Erlanger Historische Studien 7), Frankfurt/Main 1982

Meissner, Boris, Triebkräfte und Faktoren der sowjetischen Außenpolitik, in: Ders./Gotthold Rhode (Hrsg.), Grundfragen sowjetischer Außenpolitik, Stuttgart – Berlin – Köln – Mainz 1970, S. 9-40.

Neebe, Reinhard, Wahlen als Test: Eine gescheiterte Initiative des Politischen Planungsstabs im State Department zur Stalin-Note vom 10. März 1952, in: Militärgeschichtliche Mitteilungen 45 (1989), Heft 1, S. 139-162.

Ripper, Torsten, Die Stalin-Note vom 10. März 1952. Die Entwicklung der wissenschaftlichen Debatte, in: Zeitgeschichte (1999), Nr. 26, S. 372-396.

Ruggenthaler, Peter (Hrsg.), Stalins großer Bluff. Die Geschichte der Stalin-Note in Dokumenten der sowjetischen Führung (Schriftenreihe der Vierteljahrshefte für Zeitgeschichte 95), München 2007.

Ruggenthaler, Peter, The Concept of Neutrality in Stalin´s Foreign Policy, 1945-53 (Harvard Cold War Studies Book Series) Lanham 2015, 2. Auflage 2017.

Schwarz, Hans-Peter (Hrsg.), Die Legende von der verpaßten Gelegenheit. Die Stalin-Note vom 10. März 1952, Stuttgart 1982.

Steininger, Rolf, Eine Chance zur Wiedervereinigung? Die Stalin-Note vom 10. März 1952. Darstellung und Dokumentation auf der Grundlage unveröffentlichter britischer und amerikanischer Akten (Archiv für Sozialgeschichte Beiheft 12), Bonn (Dietz) 2. Auflage 1986.

Steininger, Rolf, Eine vertane Chance. Die Stalin-Note vom 10. März 1952 und die Wiedervereinigung. Eine Studie auf der Grundlage unveröffentlichter britischer und amerikanischer Akten, Berlin – Bonn 1986.

Stourzh, Gerald/Mueller, Wolfgang, Der Kampf um den Staatsvertrag 1945-1955. Ost-West-Besetzung, Staatsvertrag und Neutralität Österreichs, 6. gründlich überarbeitete und erweiterte Neuauflage (Studien zu Politik und Verwaltung 62), Wien – Köln – Weimar 2020.

Wettig, Gerhard, Bereitschaft zu Einheit in Freiheit? Die sowjetische Deutschland-Politik 1945-1955, München 1999.

Wettig, Gerhard, Die Stalin-Note. Historische Kontroversen im Spiegel der Quellen, Berlin 2015.

Zarusky, Jürgen (Hrsg.), Die Stalin-Note vom 10. März 1952. Neue Quellen und Analysen. Mit Beiträgen von Wilfried Loth, Hermann Graml und Gerhard Wettig, München 2002.

Zarusky, Jürgen, Note der Sowjetregierung an die Regierungen der USA, Großbritanniens und Frankreichs über den Friedensvertrag mit Deutschland, 10. März 1952, https://www.1000dokumente.de/pdf/dok_0031_not_de.pdf

Quelle: Sowjetischer Grundriß eines Friedensvertrages vom 10. März 1952, Entschließungen des Bundestages und ergebnisloser Notenwechsel über Vierer-Konferenz bis September 1952; abgedruckt in Heinrich von Siegler, Hg., Dokumentation zur Deutschlandfrage. Von der Atlantik-Charta 1941 bis zur Berlin-Sperre 1961. Hauptband I, Chronik der Ereignisse von der Atlantik-Charta 1941 bis zur Aufkündigung des Viermächtestatus Berlins durch die UdSSR im November 1958. Zweite ergänzte und erweiterte Auflage in drei Bänden, Bonn – Wien – Zürich 1961, S. 138-140.

Sowjetischer Grundriß eines Friedensvertrages – Erste «Stalin Note" (10. März 1952), https://ghdi.ghi-dc.org/sub_document.cfm?document_id=3082&language=german

Quelle: Erste Antwortnote der Westmächte (25. März 1952), in. Heinrich von Siegler (Hrsg.), Dokumentation zur Deutschlandfrage. Von der Atlantik-Charta 1941 bis zur Berlin-Sperre 1961. Hauptband I, Chronik der Ereignisse von der Atlantik-Charta 1941 bis zur Aufkündigung des Viermächtestatus Berlins durch die UdSSR im November 1958. Zweite ergänzte und erweiterte Auflage in drei Bänden, Bonn – Wien – Zürich 1961, S. 140-142.

https://ghdi.ghi-dc.org/sub_document.cfm?document_id=3084&language=german